小林牧牛

形の世界

ry Doll
ashi

ぱるす出版

写真　野村　修
デザイン　吉延高明

迷って、迷って今の自分がいる。

サラリーマン生活が23年、人形を作り始めて17年。

実はサラリーマン時代、ストレス解消にと陶芸を始めました。

ところが腕のほうはさっぱりあがらず、あとから入った人がどんどん上達して輝いて見えてくると、もともと陶人形を作りたかったのだと「人形で独立します」と格好良くやめてしまいました。ついでに会社も辞めてしまったのです。

もちろん家族も周囲も大反対です。私も必死でした。

粘土をこねて陶人形を作り始めたばかりのときは、展覧会に入選したり、賞を取ったりが生き甲斐のように思えて夢中になっていました。しかし、そのうち陶人形作りはゴールの見えないマラソンだということに気がつきました。

人はどん底に落ちてからが勝負ですね。

今までも、今も、失敗の連続ですが
もう一歩、もう一歩と
ここまでくることができました。

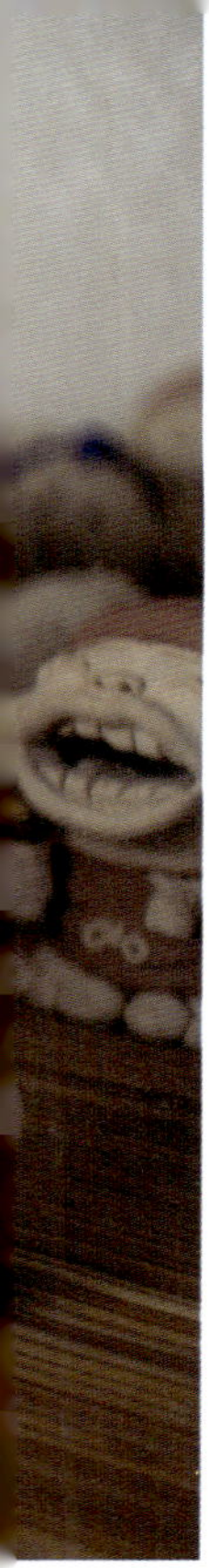

こころを和ませる、
おしゃべりな人形たち
拝むもの、おどけるもの、
にんまりするもの、
小首をかしげて天を仰ぐもの。
福福しいその姿に
ついつい
こちらも微笑んでしまう。

なぜ、お地蔵さまを作るのだ。
私が子どもの頃は
学校から帰ってきても、
外に出て遊ぶことが当たり前でした。
もちろん今のように
テレビやゲーム機のような機器は
ありませんでしたから……。
そしてあぜ道や、
こんもりした森の中などにお堂があって、
お地蔵さまが祭られていたのです。

そして誰の指図ではなく
それぞれの人がお花を供えたり、
赤いよだれかけを作ったり、
お世話をしていました。
このようにいつもお地蔵さんは
身近にいたのです。

出会いは人生の招待状

「ああすればよかった、
こうすればよかった」
と思うなら
今からやればいい、
今からでも充分間に合うから。

悟りなんてとんでもない
一生迷いながら歩むんだよ。

やっとあえましたね

いつの間にかそばにいて
ずーっとあなたの幸せを
見守り続ける仏様になりたい

れんげ仏

れんげのつぼみを胸に抱く、
こころ優しい仏さま。

ただ眺めて可愛いだけではなく、
心がやすらぎ、
心躍る時間を楽しめる。
無垢な気持ちに戻って
しばし会話をしたくなる。
これが仏心の効用だろうか……。
これが大人の贅沢だと考えています。

七福神

にこやかなお顔の
神様が七人。
七つの災いを除き
七つの幸せを
与えてくれる神々です。
この中で恵比寿さまだけが
日本由来の神様です。
大黒天、弁財天、毘沙門天は
インド・ヒンズー教の神、
布袋尊、寿老人、福禄寿は
いずれも中国の仏と
三カ国の神仏集合体です。
大きなご利益役が
ありそう。

七福神とは、福をもたらすとして日本で信仰されている七柱の神です。

一般的には写真右から「恵比須、毘沙門天、福禄寿、寿老人、大黒天、弁財天、布袋尊」の七人の神様を、七福神と呼んでいます。

恵比寿——商売繁盛、除災招福、五穀豊穣、大魚守護の神様

毘沙門天——武道成就、降魔厄除、家内安全、夫婦和合の神様

福禄寿——財運招福、延命長寿、立身出世、招徳人望の神様

寿老人——幸福長寿、家庭円満、延命長寿、福徳智慧の神様

大黒天——五穀豊穣、子孫愛育、出世開運、商売繁盛の神様

弁財天——恋愛成就、学徳成就、諸芸上達、福徳施与の神様

布袋尊——千客万来、家運隆盛、家庭円満、商売繁盛の神様

お不動さん

天地を睨み、
あらゆる邪気を
寄せつけません。

不動明王は大日如来の化身である。
右目は天を、左目は地を、激しく燃え盛る炎を背にして右手に剣、左手に羂索《けんさく》（縄）を持ち、あらゆる欲望や悪行に打ち勝つよう、眼光するどく怒りの形相だが、かなり強烈な法力を持つ仏様です。

不動明王が火焔の中に住まわれるのは〝火生三昧〟といって、衆生の煩悩を大智慧の火で焼きつくし、悟りに導くためです。

護摩を焚くことで煩悩を消滅させると言われ、勝利事や立身出世などに功徳があると言われています。

不動明王はすべての人にわけ隔てなく利益を与えてくれます。

「何もないこと」が最高の一日
日なたぼっこの猫を見ているだけで
なんだか心が満たされてしまう

風神・雷神

人間が怖れを抱くほどの
偉大な力を見せる天然現象のうち
最も身近に起こり、
最も代表的な強風と雷鳴を
それぞれ神格化したもので、
いずれも風雨順時、
自然が穏やかであることを願い
信仰されている。

風神――風をつかさどる神。
雷神――雷電をつかさどる神。

東京浅草の金龍山浅草寺にある雷門は、真ん中に「雷門」と書かれた大提灯、向かって左側に雷神像、右側が「風神像があり風雷神門と称されていたが、いつの頃からか雷門といわれるようになった。

ほうずきを持った子鬼

自分の歩む道は、
自分で選ぶしかないよ。
右を選ぶか、左を選ぶか
一日何度も天使になったり
悪魔になったり

人形を作り始めて17年、
最初はお地蔵さまばかり作ってましたが、
個展を開くようになってからお客さまが
「今度、招き猫を作って」とか、
「七福神をお願い」との要望があって、
いつの間にか縁起物や、
猫、カエル、ウサギなどを
作るようになりました。

人生いろいろあるたびに
成長するんだね

大きな夢を見るたびに
足もとの小さな幸せを
大事にしよう

賢い人間であるより、
幸福な自分でありたい。

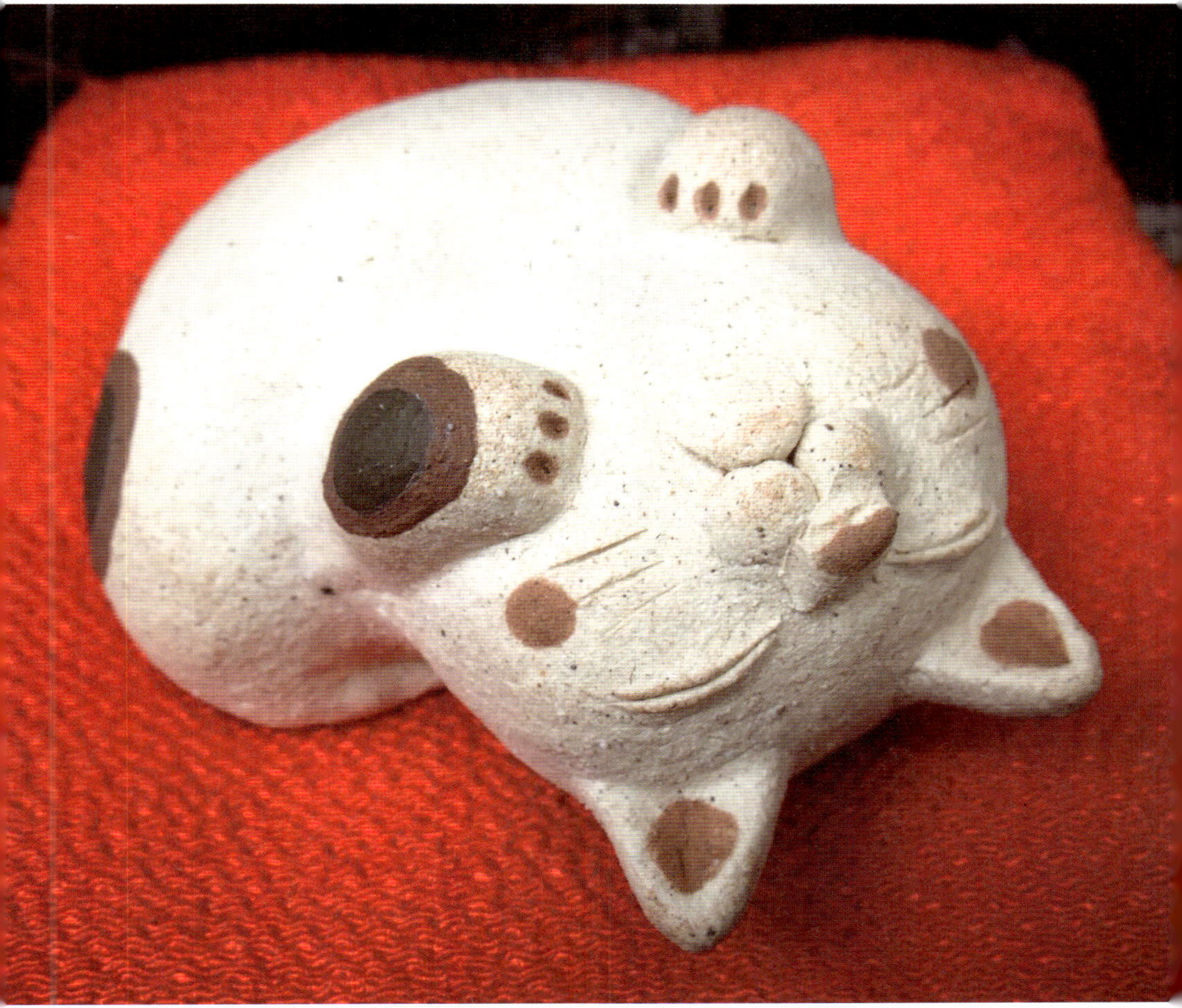

招き猫

この招福招き猫たちは
その愛らしい顔と
のんびりしたムードで
世の中の陰口、悪口、愚痴、
泣き言、文句など取り除き、
お金を招いたり、
よき人を招いたりしてくれる
パワーあふれる猫たちです。

●招き猫大賞展でグランプリを受賞

左手を挙げている招き猫は人と福を招いてくれる

右手を挙げているのは
金運を招くと言われ、
小判を持った猫、
小判をくわえた猫、
また、地色によって
学業向上、
交通安全、
恋愛成就と
私たち招き猫の世界にも
流行があるらしいの。
本来は三毛猫だったけど。

右手を挙げている猫はお金を集めてくれる

猫は手助けはしてくれないが、
気持ちをいやしてくれる

カエルの三重奏とカエルのお不動さん

遊々工房にも楽器を持った「かえる」がにぎやかでした。子供のころ「かえるが鳴くから帰～ろ」などと言ったことありますよね。実は「カエル」と言う名前の由来はここ

にあったようです。
「帰る」は「カエル」の名前の語源です。昔の子供は学校から帰ってもすぐ、かばんを置いて外に遊びに出て、夕方「カエル」が大合唱を始める時間とちょうど重なります。「もう帰る」が省略されて「かえる」になっていったと考えられています。
「ゲロゲロ」って声が、「ケッロケロ」、「ケエロケエロ」、「カエルカエル」って聞こえるから？

怒りは無知
涙は修行
笑いは悟り

ギスギスした都会だから
カリカリした時代だから
カサカサした世の中だから
誰もが心の奥に持っている
優しさ、温かさ、思いやりを
大切にしよう

呵呵大笑

昨日のことはどうにもならない
明日のことはわからない
だから今が大切

どんなに辛いことがあっても
とりあえず顔は笑っておこうよ
困っても笑顔を忘れない

人は年を重ねると
少しづつ感動が減り、
経験によって
物事を進めるようになる。

人は思い通りに
ならないと思えた瞬間
イライラが消える。

わらじ地蔵

京都の嵯峨野に伝わる
お地蔵さんで、
願い事をすると
わらじを履いて参じてくれ、
一つだけ願いをかなえて
くれるそうな

決して美人ではないけれど、
美しい人に
決してハンサムではないけれど
かっこいい人に
なりたい

牛頭《ごず》大王

鬼どもの統率者「牛頭大王」は、
館の鬼門に陣取り丑寅（北東）の方を睨み
あらゆる邪気を寄せつけない。
災難や病気を防ぎ鎮める神様。

肩を怒らしている人も、
威張っている人も
自分ひとりでは
生きられないんだな

牛にのったお地蔵さん

私の作家名は牧牛です。
46歳のとき勤めていた会社が倒産の危機にあい、
陶人形作家として独立しました。
この牧牛の名前の由来は、
私が丑年と言うこともありますが、
禅の修行では悟りの境地にいたる道筋を
牛を主題として10枚の絵で
表したものを「十牛図《じゅうぎゅうず》」といいます。
そのちょうど真ん中、5枚目が「牧牛」なのです。
中途半端な状態ですが牛を飼いならし、
自分のものとして行かなければならないという、
自戒の念を込めて名づけました。

あとがき

今ある苦労は　花を咲かせるために必要なこと。
もう15年もたつのですね。
『くよくよするなあるがまま』が出版されてから。
あの時は出版をしたものの売れなくて
ご迷惑をかけるのではないかとずいぶん心配いたしましたが、
おかげさまで今だ増刷されているようです。
20数年の会社勤めから陶芸の世界に移ったとき、
移ったと言っても移らざるを得なかったのですが、
家族や身内は大反対、
あたりまえですよね、
生活の保証はなかったわけですから。
女房には「今までの三倍働くから」とやっと納得してもらい
陶芸の世界へ、それも陶人形の世界に入りました。
人形作りはまったくの未知数でしたから、

土選びから、すべてがわからないことばかりでした。
土に教わりながら、
火に教わりながら
だんだん今の作風が出来上がりました。
「土は正直なもので、作り手の気持ちが反映されます。
傲慢に接すればけっして、よい作品は生まれません。
土に向かうたび自らを省みて、成長していくのだなと感じております」
人間、崖っぷちに立たされると何でもできますね。
恥ずかしい思いや、惨めな思いは
誰でもひとつやふたつは経験していることです。
それが今の私に必要だったと、今さらながら気がつきました。
幸せはときとして、不幸の帽子をかぶってくるものですね。
幸福と不幸は振り子のように行ったりきたり。

平成25年　師走

遊々工房にて

小林牧牛

著者紹介

小林牧牛（こばやし・ぼくぎゅう）

1949年　東京都に生まれる。本名小林功治
1975年　日展作家高木参平氏に師事
1985年　高木門下より独立
1989年　あしがら青年美術展にて東京新聞賞受賞
　日本民芸公募展入選、三軌展入選、亜細亜現代美術展入選
　新槐樹社美術展にて佳作賞受賞。三軌展・創造展・新構造展に入選
　第29回神奈川県美術展入選、新槐樹社選抜秋季展にて佳作賞受賞・奨励賞受賞
　新槐樹社会員に推挙 新槐樹社美術展にて努力賞受賞
1997年　第4回京都クラフト展入選
　招き猫大賞展にてグランプリ受賞、
〜
1998年　新槐樹社美術展にて槐炎賞受賞
1999年　アートポリタン誌「牧牛の世界」掲載
　『くよくよするなあるがまま』出版（ぱるす出版）
2002年　三省堂本店にてサイン会
　フランス・パリ「エスパスジャポン」にて展覧会
　『なんとかなるさ あきらめず』出版（ぱるす出版）
　日本のアート展 in Canada にてチリワック市教育委員会賞受賞
2003年　ドイツ シーボルト博物館にて展覧会（ミュンヘン日本総領事館、
　ヴュルツブルグ独日協会、ミュンヘン独日協会、日本航空後援）
　わらじ地蔵、すもうシーボルト博物館蔵
2005年　大分県湯布院町のいろはにほへ陶に「小林牧牛のお地蔵さま館」開館
2007年　「楽々地蔵」羽生市キンカ通り商店街に安置
2010年　社会福祉法人 幸清会・「小林牧牛陶人形館」開館
　皇室献上の栄を賜る

牧牛の **遊々工房**

〒258-0019

神奈川県足柄上郡大井町金子974-11

TEL. 0465-83-0617

小林牧牛

陶人形の世界

平成二十六年二月十九日　初版第一刷発行

著者　小林　牧牛

発行者　春日　榮

発行所　ぱるす出版株式会社

〒一一三―〇〇三三

東京都文京区本郷二丁目二五番六号

ニューライトビル　一〇二四

TEL　〇三（六八〇一）六三六〇

FAX　〇三（六八〇一）六三六一

http://www.pulse-p.co.jp

DTP　ヨシノブデザイン

印刷製本　ラン印刷社